Le monde des plantes

Jean-Marie Pelt

Le monde des plantes

Entretiens avec Danielle Fournier

Dessins de
Serge Bloch

Seuil

I

Le garde-manger du monde

À quoi servent les plantes ?

On n'en finirait pas d'établir la liste des services que les plantes rendent aux animaux et aux hommes. Il suffit pour comprendre à quoi servent les plantes de se poser la question de ce qu'il adviendrait s'il n'en existait plus.

Eh bien, nous ne serions pas là pour en parler ; d'ailleurs, nous ne serions pas là du tout, car plus de plantes, plus d'hommes ! Nous n'aurions plus l'occasion d'admirer un magnifique bouquet, il n'y aurait plus rien à manger, ni plantes ni animaux, puisque les animaux précisément se nourrissent de plantes, et pas davantage les effluves délicats d'un parfum, ces produits de luxe que les plantes nous offrent gracieusement et qu'elles destinent en fait aux insectes qui les pollinisent.

Il n'y aurait plus non plus de journaux, car leur fabrication consomme des tonnes de pâte à papier provenant pour l'essentiel des forêts de pins : plus de plantes, plus de pins ; et plus non plus de pain, car plus de blé ; plus de « casse » dans les banques, car plus de billets de banque en papier, ce « blé » des perceurs de coffres ! Plus de fruits, plus de légumes, plus de céréales, donc plus de régime végétarien et plus de viande non plus, car la vache broute l'herbe qui fait sa chair. Plus d'épices, plus de condiments, plus de jus de fruit, de bière, de vin, de café, d'alcool…, il ne resterait que le sel et l'eau. Nous serions condamnés à nous nourrir d'eau de mer comme les premières algues ; malheureusement, nous ne sommes pas des algues, et ce régime ne nous conviendrait guère. Imaginez que cafés et restaurants ne servent plus que des eaux minérales…

Et les symboles alors ? Plus de rose pour le PS, plus de cèdre pour le Liban, plus de chardon pour la Lorraine, et plus non plus de pharmaciens, car bon nombre de médicaments sont d'origine végétale. Chacun a compris : plus de plantes, plus rien ! Voilà à quoi servent les plantes ; et on voit qu'il n'est pas concevable de s'en passer.

En revanche, les plantes, elles, pourraient parfaitement se passer des hommes. Après tout, c'est bien ce qui s'est produit avant que l'homme n'apparaisse !

Est-ce qu'on sait quelles plantes mangeaient les premiers hommes ?

C'est toujours à partir des restes et traces archéologiques que l'on peut reconstituer les comportements et la nourriture des premiers hommes. Ceux-ci consommaient essentiellement des baies et des racines. Mais ils risquaient de s'empoisonner en ayant recours à des plantes toxiques. Aussi fallut-il sans doute des temps très longs et beaucoup d'expérience pour que se séparent les notions de plantes comestibles et de poison. Ce travail de discrimination s'est fait par l'humanité des premiers âges, et lorsqu'un enfant s'intoxique avec une baie de belladone, par exemple, il ne fait que reproduire le geste de ses très lointains ancêtres qui apprirent ainsi, à leurs dépens, que toutes les plantes ne sont pas comestibles. Puis chaque âge de l'humanité, de la Préhistoire à l'Histoire, découvrit son contingent de plantes comestibles, améliorées depuis la nuit des temps par un patient travail de sélection.

On trouve dans des restes archéologiques remontant à la Préhistoire des traces de navet, de choux non pommés, de fèves, de lentilles et de pois. Les radis, les melons, les concombres, les oignons ne sont venus qu'à partir de l'Antiquité gréco-romaine. Quant aux habitants de l'Amérique d'avant Christophe Colomb, ils connaissaient déjà les pommes de terre, les tomates, les haricots, les courges, les piments et les poivrons, tous importés en Europe en provenance du Nouveau Monde. Beaucoup de légumes ont été obtenus ou améliorés en Italie, comme la chicorée, les laitues, les choux pommés, les choux-fleurs, les radis, le fenouil ; plus près de nous, certaines plantes aujourd'hui couramment consommées devenaient des légumes à partir de leurs ancêtres sauvages : c'est le cas de la mâche au XVIIe

siècle, des choux de Bruxelles au XVIIIe siècle, des pissenlits et des endives au XIXe siècle…

Bref, les menus, au fil des âges, n'ont cessé de s'enrichir et de se diversifier, offrant aux hommes de nouveaux fruits et de nouveaux légumes au fur et à mesure que s'amélioraient les processus de sélection des végétaux.

La sélection consiste à resemer sans cesse les graines des plantes présentant les caractères les plus favorables : grosses racines pour les carottes, tête « pommée » pour les choux, etc. Ainsi, de génération en génération, les plantes « s'améliorent », et on peut même croiser entre elles des variétés déjà existantes pour augmenter encore le caractère favorable.

Pourquoi les hommes ont-ils cultivé du blé en Europe et au Moyen-Orient, du riz en Asie, du maïs en Amérique ? Pourquoi y avait-il du maïs seulement en Amérique, puisque maintenant on le fait pousser aussi bien en Europe ?

plante des pieds.

Chaque civilisation a développé la culture des plantes poussant sur les territoires qu'elle occupait ; c'est ce qui explique la répartition initiale des cultures de blé en Europe et au Moyen-Orient, de riz en Extrême-Orient et de maïs en Amérique. Pour le blé, par exemple, des ancêtres sauvages du blé cultivé ont été découverts récemment à proximité du lac de Tibériade, en Israël. C'est à partir de ces races sauvages que les cultures ont été entreprises, en sélectionnant sans cesse, pour les resemer, les graines provenant des pieds les plus productifs afin d'augmenter le rendement. L'Irak était, longtemps avant Jésus-Christ, une riche terre à blé et à orge, avant de devenir un désert.

Il a fallu des millénaires pour que les céréales cultivées prennent l'apparence qu'elles ont aujourd'hui, qu'il s'agisse du blé, du riz ou du maïs... ; surtout du maïs, d'ailleurs, qui est littéralement une création de l'homme tant il a subi de modifications au cours de sa longue histoire. Le maïs est une plante américaine qui n'a jamais atteint le vieux monde avant l'arrivée de Christophe Colomb. Son arrivée massive en Europe est un phénomène relativement récent et qui a pris, au cours des dernières décennies, une ampleur exceptionnelle en raison de la grande valeur alimentaire des graines de maïs, en particulier pour le bétail. Mais la culture du maïs exige beaucoup d'eau et résiste mal aux années de sécheresse.

Est-ce qu'on connaît toutes les plantes que l'on peut manger ?

On peut en principe manger toutes les plantes dès lors qu'elles ne sont pas toxiques. Mais la plupart n'ont qu'une valeur alimentaire très faible. L'art de se nourrir de plantes sauvages appartient aux militaires lorsqu'ils parachutent un commando dans la nature, pour une « opération survie ». L'homme toutefois n'est pas un ruminant, de sorte qu'il ne peut digérer les feuilles, l'herbe, bref, toute la matière végétale brute que les plantes élaborent et qui contient beaucoup de cellulose. Certes, celle-ci est utile pour l'intestin : elle contribue à donner son volume au contenu intestinal et, par là même, à favoriser la progression des aliments digestibles d'un bout à l'autre du tube digestif. Mais cette cellulose est rejetée telle quelle, tandis que beaucoup d'animaux la digèrent et l'utilisent comme matière alimentaire; cela explique les raisons pour lesquelles la plupart des aliments proviennent de fruits, de bulbes ou de tubercules. Les feuilles que l'on consomme par exemple en salade ne sont pas digérées, mais facilitent la digestion des autres aliments.

En fait, les plantes cultivées en vue de l'alimentation ne sont qu'une toute petite minorité sélectionnée par l'homme au cours des temps et dont la carrière en tant que plantes alimentaires a en quelque sorte réussi. Figurent à ce hit-parade toutes les plantes alimentaires actuelles, y compris celles qui sont venues s'y ajouter récemment, comme le chou de Bruxelles ou l'endive.

Bien entendu, la valeur alimentaire des fruits et légumes est extrêmement variable. Les céréales, par exemple, sont beaucoup plus riches que les fruits juteux, de sorte qu'une salade de tomates apportera beaucoup moins d'énergie qu'une tartine de pain beurrée; encore que… tout dépende de la quantité d'huile que l'on met dans la salade, ou de la sauce à laquelle on mange les asperges, elles aussi très pauvres en éléments digestibles. La connaissance de la valeur énergétique des aliments et de l'art de constituer des régimes alimentaires équilibrés fait l'objet d'une science particulière : la diététique.

Certaines personnes disent que les tisanes de plantes sont des médicaments. Mais on empêche toujours les enfants de manger les boules rouges ou blanches dans les haies parce qu'elles contiennent du poison. Comment connaît-on les plantes poisons et les plantes médicaments ? À quoi servent les plantes poisons ?

On distingue traditionnellement les plantes toxiques et les plantes non toxiques ; cela ne signifie nullement que les plantes toxiques ne soient pas des médicaments, bien au contraire. Les médicaments les plus importants ont été extraits de plantes extrêmement toxiques, comme la digitale, la belladone, le colchique, l'aconit et naturellement le pavot à opium. Toutes ces plantes contiennent des poisons violents, mais, utilisés à faibles doses et avec prudence, ces poisons deviennent des médicaments, car, comme le disait le grand savant français Claude Bernard : « Entre le médicament et le poison, il n'y a qu'une différence de dose. »

On n'a certes pas tort d'empêcher les enfants de manger les baies rouges ou blanches qui se trouvent dans les haies. Toutes bien sûr ne sont pas toxiques mais, dans le doute, mieux vaut s'abstenir. Bien entendu, les bons connaisseurs de plantes, ceux qui aiment la nature et qui apprennent ses secrets, savent très bien quelles baies ils peuvent manger et quelles baies au contraire ils doivent laisser. Ils savent par exemple que la baie rouge du muguet est très toxique, alors que la mûre poussant sur les ronces ne l'est absolument pas et sert à faire des confitures. C'est un exercice très utile pour les enfants que de s'habituer à reconnaître très tôt les baies toxiques.

Quant aux tisanes, ce sont toujours des médicaments, encore que certaines puissent être considérées comme de simples boissons hygiéniques ; il en est ainsi de la menthe, de la verveine, du tilleul, des fleurs d'oranger, de la camomille, infusions qui sont en vente libre et ne peuvent donc être considérées comme des médicaments, lesquels ne se vendent qu'en pharmacie.

Posséder un poison est souvent, pour une plante dans la nature, un gros avantage : il éloigne d'elle les animaux, qui s'en méfient, et, du coup, la plante se trouve favorisée par rapport aux plantes n'ayant pas cet atout dans leur jeu. Encore faut-il savoir que ce qui est poison pour une espèce animale peut ne pas l'être pour une autre. Les limaces et les escargots se régalent des feuilles de belladone, pourtant très toxiques pour l'homme. À chacun ses goûts !

Combien y a-t-il de sortes de plantes sur terre ?

Il faut soigneusement distinguer les plantes naturelles et celles qui ont été fabriquées par l'homme grâce aux techniques de sélection et d'amélioration mises au point par les agronomes et les horticulteurs.

Dans la première catégorie, on compte approximativement 500 000 espèces de plantes connues, parmi lesquelles le groupe le plus important, et de loin, est celui des plantes qui forment des fleurs : elles sont environ 300 000. Les plantes moins évoluées sont aussi moins nombreuses ; on dénombre à peu près 30 000 algues, 70 000 champignons, 17 000 lichens, 22 000 mousses et 15 000 fougères. Mais il s'agit là d'un bilan provisoire, car on découvre chaque jour dans la nature des plantes encore inconnues. Voilà pour les plantes sauvages poussant actuellement sur la Terre, auxquelles il convient naturellement d'ajouter celui des plantes fossiles, aujourd'hui disparues, mais dont on trouve des traces ou des restes dans les roches ou les gisements de lignite et de charbon. On en connaît des milliers, sans qu'il soit possible d'avancer un chiffre définitif, car beaucoup – sinon la plupart – restent encore inconnues.

Il faut mentionner ensuite les plantes domestiques, créées de main d'homme à partir de leurs ancêtres sauvages depuis des décennies, et parfois depuis des siècles, commes les roses, voire des millénaires, comme les oignons, les pommes de terre ou le maïs. Toutes les plantes cultivées dans les champs et les jardins entrent dans cette catégorie. Le nombre des races et variétés ainsi créées par l'amélioration d'ancêtres naturels se comptent par dizaines de milliers ; ce sont les plantes dites « utiles » : alimentaires, ornementales, médicinales, voire les matières premières pour l'industrie des parfums et cosmétiques, par exemple, ou pour tout autre usage.

À retenir donc : 500 000 plantes naturelles connues et peut-être presque autant encore d'inconnues, des milliers de plantes fossiles exhumées des roches sédimentaires, des houilles et des charbons, et des dizaines de milliers de races et de variétés de plantes cultivées. Voilà pour le bilan.

II
La vie en vert

Herbe, bois, graine, fleur, arbre, fruit, champignon, algue, mousse. C'est quoi exactement, une plante ?

Une plante, c'est un organisme vivant, comme un animal, comme un homme. Mais, comparé à nous, cet organisme a un mode de vie très particulier. Fixée à son support, la plante est moins autonome, moins libre que ses « frères supérieurs », ce qui ne l'empêche pas de coloniser les milieux les plus divers, et pas seulement la terre. On trouve en effet des mousses sur les toits, des champignons sur les arbres et même des algues microscopiques formant des taches vertes sur les troncs d'arbres et les murs des vieilles églises…

Malgré leurs formes très diverses, toutes les plantes ont en commun leur couleur verte, à la seule exception des champignons. Ceux-ci occupent de ce fait une place tout à fait à part dans le monde vivant ; proches des plantes certes, mais néanmoins différents de par leur mode de vie : à la différence des plantes, ils peuvent vivre dans l'obscurité la plus totale, car ils n'ont pas besoin de la lumière solaire dans laquelle toutes les autres plantes puisent l'énergie indispensable à leur existence. C'est d'ailleurs en ceci que les plantes se distinguent des animaux et de l'homme : elles fabriquent elles-mêmes leur nourriture en utilisant pour cela l'énergie solaire captée par la verte chlorophylle. Les animaux sont incapables d'en faire autant ; ils doivent prélever leur nourriture dans le monde extérieur, ne serait-ce qu'en mangeant des plantes, d'ailleurs.

Les plantes, on en voit partout, dans le désert, au fond de la mer, en haut des montagnes, au bord de la route. Est-ce qu'il y en a vraiment partout ? Même dans l'air ? Et dans l'espace ?

Si l'on se réfère à l'immensité du cosmos, les plantes ne forment qu'une très mince pellicule sphérique à la surface de la planète Terre, la seule connue avec certitude à ce jour. De fait, sur cette pellicule, les plantes sont à peu près partout présentes, sauf en quelques régions particulièrement arides comme la banquise des pôles ou les glaciers des très hautes montagnes ; et encore trouve-t-on parfois des algues microscopiques piégées dans des glaciers à plus de 5 000 mètres d'altitude.

Sur la Terre, leur densité est extraordinairement variable selon les climats et, l'on connaît tous les intermédiaires entre la forêt vierge et le désert. Mais dans certains endroits des déserts de Libye et d'Arabie, la présence des plantes est si ténue qu'il faut parcourir parfois plusieurs kilomètres pour en trouver une, toute seule et toute nue dans l'immensité rocailleuse ou sableuse. Alors que dans une forêt de Bornéo, on trouve pas moins de 300 espèces d'arbres et de lianes différentes sur un seul hectare; et le minuscule État de Panama contient autant d'espèces de plantes différentes que toute l'Europe. Dans l'air, en revanche, pas de plantes, simplement des pollens ou des spores véhiculés par le vent et qui, au printemps, suscitent des allergies chez ceux qui ont « le nez sensible » et font alors de méchants rhumes de cerveau.

D'où viennent les plantes? Comment sont-elles apparues sur la Terre? Est-ce qu'il y avait des plantes préhistoriques? Est-ce qu'elles existaient avant l'homme? Est-ce que ce sont toujours les mêmes aujourd'hui ou bien ont-elles évolué, comme les hommes?

Les premières plantes sont apparues sur la Terre lorsque celle-ci était encore très jeune, il y a 3,5 milliards d'années environ. On devrait d'ailleurs dire dans les océans plutôt que sur terre, puisque ces premières plantes étaient les ancêtres aquatiques et microscopiques des algues actuelles. Si l'on réduisait la durée de l'histoire de la Terre à une seule année, on pourrait dire que les ancêtres des premières plantes sont apparus dans les océans primitifs au mois de mars, l'homme n'apparaissant en revanche que le soir du 31 décembre... Les plantes ont donc occupé la planète mille fois plus longtemps que les hommes venus à la toute dernière minute ; c'est dire que les plantes ont existé longtemps avant nous et qu'elles n'ont jamais cessé d'exister pendant ces 3,5 milliards d'années. Certaines parmi les plus modestes, comme les mousses, nous ont rejoints presque inchangées, mais l'immense majorité des plantes ont évolué de telle sorte que celles que nous connaissons aujourd'hui ne sont pas celles que nous livrent les fossiles et qui ont à jamais disparu.

On a pu reconstituer les grandes étapes de l'évolution végétale. Il y a environ 450 millions d'années, les plantes quittaient les océans pour gagner les continents, devançant ainsi les animaux qui les suivirent quelques millions d'années plus tard. Il y a 400 millions d'années, elles « inventèrent » le bois, se dotant ainsi d'un squelette et d'un système circulatoire utiles à leur vie désormais terrestre ; car c'est dans le bois que se trouvent les vaisseaux transportant les sèves. Il y a 350 millions d'années, elles « inventèrent » l'ovule et, 50 millions d'années plus tard environ, la graine. Enfin, les première plantes à fleurs apparurent il y a 150 millions d'années ; elles ne cessèrent d'évoluer depuis lors, formant la totalité des plantes à fleurs aujourd'hui connues dans le monde.

Comment les plantes se déplacent-elles ?

Les plantes se distinguent des animaux par leur fixité sur leur support, mais ce n'est pas là une règle absolue. On connaît beaucoup d'algues nageuses, microscopiques, mais aussi de grande taille comme celles de la mer des Sargasses, en Amérique centrale. Mais, dira-t-on, c'est là une particularité du milieu marin. Qu'en est-il du milieu terrestre ?

Fixée au sol, mais parfois aussi sur un mur, un rocher, ou une autre plante, la plante émet des graines que, selon les cas, le vent ou les animaux diffusent au loin. On peut dire que la plante se « déplace » par graines interposées et que les « enfants » ne craignent pas de prendre leurs distances par rapport aux « parents », ce qui, au moment de la germination, évite aux graines de s'étouffer en germant serrées les unes contre les autres.

Mais les plantes vivaces ont un autre mode de déplacement. Chaque année, leurs organes souterrains, qui passent l'hiver sans mourir, forment un nouvel organe identique qui portera à son tour des fleurs au sommet d'une nouvelle tige légèrement décalée par rapport à celle de l'année précédente, de sorte qu'ainsi, d'année en année, on a le sentiment que la plante se déplace..., ce qu'elle fait d'ailleurs ; mais ce sont les descendants qui s'éloignent de la « tombe » de leur parent mort : les vieux bulbes pourris. Le muguet est le prototype des plantes qui se déplacent ainsi d'année en année, par une tige souterraine souvent très longue et très ramifiée sur laquelle poussent de nombreuses tiges fleuries. De même, les bulbes de tulipes ou les tubercules de pommes de terre redonnent d'année en année de nouvelles tulipes ou de nouvelles pommes de terre, mais décalées par rapport à leurs parents.

Est-ce que l'on connaît toutes les plantes du monde ? Comment sait-on leur nom ? Qui leur donne un nom ?

On ne connaît que les plantes récoltées jusqu'ici par les botanistes au cours de leurs études et de leurs expéditions, et certaines régions ont été encore fort peu explorées ; chaque nouvelle mission de recherche aboutit à la découverte de nouvelles plantes inconnues jusque-là. Ces plantes sont alors décrites par comparaison à celles qui leur sont proches et que l'on trouve dans les herbiers des grands muséums d'histoire naturelle du monde entier. Ce sont les botanistes qui nomment les plantes. Le nom choisi évoque parfois un caractère particulier de la plante ; il peut aussi correspondre au nom de l'explorateur ou du botaniste qui l'a découverte le premier, ou encore rappeler le nom du pays dont elle provient. Quelques échantillons de la nouvelle plante décrite et nommée seront conservés sous forme d'herbier dans un muséum où tous les botanistes du monde pourront la consulter à volonté. C'est en consultant les échantillons existants que l'on s'aperçoit qu'une plante récoltée, par exemple lors d'une mission de recherche dans un pays lointain, est « nouvelle pour la science » ; c'est le cas lorsqu'elle ne ressemble vraiment à aucun échantillon connu et répertorié. C'est alors qu'on lui donne un nom et qu'elle entre dans la catégorie des plantes connues.

Est-ce qu'il y a des plantes qui ont disparu ? Comment le sait-on ? Pourquoi ont-elles disparu ?

De très nombreuses plantes ont disparu. Il suffit pour s'en rendre compte de comparer les plantes fossiles, qui ont laissé des traces dans les roches, les charbons ou les lignites, aux plantes actuelles. On voit alors nettement que ces plantes sont totalement différentes et que les plantes fossiles très anciennes ne se retrouvent plus dans la végétation contemporaine. On ne peut pas toujours expliquer les disparitions d'espèces animales ou végétales ; on discute toujours beaucoup sur les raisons qui ont fait disparaître les dinosaures, et il en est de même pour les plantes. Les modifications spontanées du climat de la Terre ont dû jouer un rôle capital. À l'époque du carbonifère, où se sont constitués les grands gisements de houille et de charbon, le climat de la Terre était nettement plus chaud qu'aujourd'hui. On peut donc imaginer qu'un refroidissement ait entraîné ces disparitions massives.

Certains botanistes se sont spécialisés dans l'étude des plantes disparues : on les appelle les *paléobotanistes,* et les connaissances qu'ils recueillent forment une sous-discipline de la botanique : la *paléobotanique*. En grec, *paléo* signifie : ancien.

agriculteur ménageant
la chèvre et le chou.

Dans un jardin, il faut constamment arracher les mauvaises herbes qui étouffent les fleurs et les légumes. Pourquoi, si on laisse un coin de terre se débrouiller tout seul, obtient-on la jungle ?

Les mauvaises herbes sont tout simplement les herbes ou les broussailles qui correspondent à la qualité du sol sur lequel elles poussent et qui est leur habitat usuel. Lorsqu'un jardinier décide de laisser à l'abandon un coin de son jardin, toutes ces plantes prennent rapidement le dessus et se débrouillent fort bien toutes seules. Mais ce n'est pas une jungle ; c'est simplement une association végétale de plantes des jardins qui ne pousseraient pas dans d'aussi bonnes conditions ailleurs, car elles aiment les sols bien travaillés que l'on réserve habituellement aux plantes cultivées. Elles ont d'ailleurs le cycle végétatif de ces plantes cultivées, abandonnant leurs graines en automne et regermant au printemps, au moment où la terre bêchée et râtissée est particulièrement accueillante.

Le jardin est l'image de la Terre, avec une nature sauvage tenue en respect par l'homme et une nature transformée et cultivée pour ses besoins. Normalement, les deux doivent rester en équilibre. Équilibre qu'il faut constamment reconstituer par les désherbages, dans les jardins notamment. Mais que cet équilibre vienne à disparaître, et l'on se trouve alors dans des conditions aussi tragiques l'une que l'autre, quel que soit le gagnant. Si les plantes sauvages l'emportent et se répandent partout, il n'y a plus de cultures et donc plus de nourriture pour l'homme ; mais si les plantes cultivées devaient empiéter trop largement sur les terres sauvages où la végétation est naturelle, comme la forêt amazonienne, il en résulterait à terme une modification profonde des climats et des sols, qui deviendraient inaptes à la culture des plantes domestiques.

Il faut absolument se souvenir que tout est équilibre, et que l'équilibre des plantes sauvages et des plantes cultivées est le reflet de l'équilibre de l'homme et de la nature. Longtemps, la nature semblait dominer l'homme. Mais, aujourd'hui, l'homme prétend bien dominer orgueilleusement la nature. C'est bien là tout le drame écologique contemporain !

III

Dans le secret des plantes

Les plantes naissent, grandissent et meurent. Comment cela se passe-t-il ?

Les lois fondamentales de la vie s'appliquent aussi bien aux plantes qu'aux animaux. Tout être vivant parcourt un périple qui le mène de la naissance à la mort par une période juvénile, puis une période de maturité, puis enfin une période de vieillissement. Les plantes ne font pas exception à la règle ; elles présentent cependant une originalité sur l'homme et les animaux : celle de la croissance continue. En effet, jamais une plante n'arrête sa croissance à un moment donné de sa vie, c'est-à-dire lorsqu'elle aurait atteint sa maturité, comme les animaux. La croissance végétale, au contraire, est continue jusqu'à la mort ; les arbres les plus vieux, ceux qui ont la chance de mourir spontanément – ce qui est rare à une époque où les coupes en forêt réduisent considérablement leur longévité naturelle ! – finissent par mourir alors que les quelques branches saines qui leur restent continuent à fabriquer de la matière végétale, et notamment du bois, donc à croître en longueur et à s'accroître en épaisseur.

Mais, par contre, ces mêmes arbres, comme d'ailleurs toutes les plantes à fleurs et à graines, qui sont les végétaux les plus évolués, manifestent un arrêt de leur croissance durant leur phase embryonnaire, ce qui n'existe jamais chez les animaux. En effet, dans la graine dort un embryon qui peut attendre des années, voire des siècles, avant de reprendre sa croissance, c'est-à-dire de germer. Il s'agit là d'une précaution prise par les plantes qui, immobiles sur leur support, sont condamnées à subir la froideur de l'hiver ou, dans les pays chauds, de longues et sévères saisons sèches. Toute graine qui germerait dans de telles conditions serait condamnée à mort, faute de pouvoir trouver dans le milieu extérieur l'eau dont l'embryon a besoin pour se développer et donner une jeune plante. C'est pour cette raison sans doute que les plantes ont « inventé » cette originalité du monde végétal qu'est la graine et qu'ignorent les animaux. En effet, lorsqu'un œuf est conçu dans le ventre d'une maman, il poursuit sa croissance en continu sans aucune phase de repos jusqu'à la naissance, et cette croissance ne s'arrêtera qu'avec la maturité. Imaginerait-on une future maman enceinte pendant dix ans ?

On peut donc dire en résumé que les plantes à graines, et elles seules, interrompent leur croissance, et parfois très longtemps, dans leur phase embryonnaire, mais la poursuivent ensuite sans arrêt jusqu'à leur mort ; tandis que les animaux au contraire ne l'interrompent pas dans leur jeune âge, durant la phase embryonnaire, mais la stoppent à leur maturité. Bref, les animaux ne font pas de graines, et pas non plus de vieux os, comparativement aux plantes dont certaines, comme le pin californien, peuvent vivre 5 000 ans.

La graine peut-elle attendre longtemps avant de germer ?

Cela dépend évidemment des graines. Certaines germent très rapidement, comme le saule, dont la capacité de la graine à germer ne dépasse pas trois à quatre jours. Les peupliers font mieux, puisque l'embryon de leurs graines reste en vie pendant quelques semaines. Mais ce sont là des exemples exceptionnels. La plupart des graines des plantes des pays tempérés gardent leur pouvoir de germer pendant quelques années : trois ans pour le pois et les lentilles, dix ans pour les concombres, les carottes, la chicorée, quinze ans pour la digitale, par exemple.

Au-delà, on entre dans le domaine des records. Des graines de nénuphars prélevées sur de vieux herbiers conservés au Muséum ont germé à l'âge de 250 ans... Mieux encore, des graines de lotus découvertes congelées dans des tourbières froides ont germé après 1 000 ans : c'est le record de longévité actuellement connu. Mais certains chiffres avancés en ce domaine sont suspects, notamment pour les grains de blé découverts dans les sarcophages égyptiens, auprès des pharaons, et qui, contrairement à ce qui fut dit et rapporté, n'ont jamais germé.

À l'inverse, la graine de cacao ne conserve son pouvoir de germer que deux à trois jours au maximum ; il s'agit il est vrai d'une plante tropicale, et, sous les tropiques, l'absence d'hiver ne rend pas nécessaire cette longue conservation du pouvoir germinatif. Inutile de se mettre au repos jusqu'à ce que soit passée la mauvaise saison, puisqu'il n'y a pas de mauvaise saison ! Aussi, la plupart des plantes tropicales attendent peu de temps avant de germer, à la différence des graines des pays froids et tempérés.

Est-ce que toutes les plantes se reproduisent de la même façon ?

Non, certes pas. Si le principe fondamental de la reproduction est toujours le même pour toutes les plantes et pour tous les animaux*, les modalités, en revanche, varient à l'infini, un peu comme dans une symphonie où se succèdent et alternent toutes sortes de modulations sur un même thème. Le thème fondamental de la reproduction est bien connu : une cellule mâle et une cellule femelle se rejoignent et forment un œuf ; celui-ci se développe en un embryon qui finira par donner une

* Les chevreuils pourtant font exception : chez eux, les mamans peuvent retenir l'embryon quelques mois en retardant la naissance jusqu'à la belle saison.

jeune plante ou un jeune animal, puis un adulte. Mais, dans le monde des plantes, on assiste à une constante évolution de ce mode de reproduction, notamment par une protection accrue de la fameuse cellule femelle, que la nature protège avec grand soin, car les cellules femelles sont infiniment plus rares que les cellules mâles, produites, elles, avec une incroyable prodigalité. Ces cellules mâles sont contenues, chez les plantes évoluées, dans les grains de pollen qui volent au vent ou sont véhiculés par les insectes, des organes mâles – les étamines – vers les organes femelles – les ovaires des fleurs. Après fécondation, l'ovaire se transforme en fruit, et les ovules, qui contiennent les cellules femelles, puis l'œuf fécondé, puis le jeune embryon, en graines.

Mais les plantes les plus anciennes ont un mode de reproduction beaucoup plus primitif : au lieu de voler dans l'air ou d'être véhiculées par les insectes, les cellules mâles sont munies de cils et nagent au fond de l'eau pour atteindre les cellules femelles qui sont portées par des organes au ras du sol. Telle est la reproduction des mousses et des fougères.

Quant à l'eau des mares ou des océans, elle grouille d'innombrables cellules mâles d'algues munies de subtils appareils de natation, à la recherche perpétuelle de cellules femelles de leur propre espèce.

Enfin, les plantes possèdent un mode de reproduction qui leur est propre. Il fonctionne en dehors de toute sexualité et consiste à fabriquer des bulbes, des tubercules et autres organes, souterrains ou non, qui se forment à chaque printemps et donnent une nouvelle plante, sans le moindre acte sexuel entre cellules mâles et femelles. On le voit par exemple pour les fraisiers, dont les cordons aériens, appelés *stolons,* se réenracinent à quelque distance du pied père et redonnent un jeune fraisier.

De quoi se nourrissent les plantes ? Comment font-elles ? Pourquoi y a-t-il des plantes carnivores ?

Les plantes se nourrissent de l'eau et de l'air du temps ! Elles puisent dans la terre l'eau et les sels minéraux par leurs racines et les remontent jusqu'aux feuilles. La feuille est l'usine synthétique de la plante; elle capte le gaz carbonique de l'air et le combine chimiquement à l'eau, véhiculée du sol par les vaisseaux du bois, pour en faire de la matière première végétale grâce à l'énergie du soleil captée par la verte chlorophylle : c'est ce que l'on appelle la *photosynthèse,* privilège exclusif des plantes vertes, qu'aucun animal n'est capable de faire. Cette matière première végétale, ainsi synthétisée dans toutes les feuilles et tout autre tissu vert, passe dans la sève et se trouve ainsi transportée dans tous les organes de la plante, qui en fait bon usage.

On peut donc dire que les plantes se nourrissent d'elles-mêmes, sans avoir besoin de prélever des aliments solides dans le milieu environnant. Elles construisent elles-mêmes et en elles-mêmes les briques avec lesquelles

elles bâtissent leur structure et leur architecture. De ce point de vue, ce sont des organismes autonomes que, pour cette raison, on qualifie d'*autotrophes*, ce qui signifie « capables de se nourrir par elles-mêmes ». Les animaux au contraire sont *hétérotrophes* : ils ont besoin de manger une nourriture élaborée en dehors d'eux, des plantes précisément s'ils sont herbivores. Et comme les carnivores se nourrissent d'herbivores, ce sont donc bien les plantes qui, directement ou indirectement, nourrissent les uns et les autres.

Les plantes carnivores ajoutent à la capacité de faire la photosynthèse celle de capter les insectes soit dans des urnes profondes, soit à l'extrémité de poils gluants ; l'insecte entre là en contact avec des liquides chargés d'enzymes qui vont peu à peu le digérer. Dans une urne de *sarracenia* ou de *népenthès*, on trouve ainsi les cadavres squelettiques d'insectes dont les tissus ont été littéralement dissous et assimilés par la plante. Même spectacle sur les *droseras*, dont les poils, dressés et terminés par des glandes bourrées d'enzymes, maintiennent en l'air, tristement hissés, les cadavres d'insectes qui ont perdu tout leur poids pour avoir perdu leur substance au cours de cette digestion.

Les plantes carnivores sont particulièrement fréquentes dans les tourbières ou autres milieux où le sol est très acide et où l'azote est rare ; par ce mode de nutrition, elles captent l'azote là où il se trouve, c'est-à-dire dans les chairs et tissus des insectes, qui leur livrent en quelque sorte une ration alimentaire renforcée en azote, compensant la ration alimentaire très allégée que leur confie le milieu naturel. On compte approximativement cinq cents plantes carnivores dans le monde entier, soit à peu près une plante carnivore sur mille plantes à fleurs.

Pourquoi y a-t-il des plantes avec des fleurs et d'autres avec des fruits ? Est-ce que les plantes ont toujours des fleurs, ou des fruits ?

Non, elles ont des fleurs *et* des fruits. Il n'y a pas des plantes à fleurs et d'autres à fruits ; il n'y a que des plantes à fleurs qui, lorsqu'elles se fanent après fécondation par le vent ou les insectes, transforment leurs fleurs en fruits. Le fruit est en effet la conséquence logique de la fleur. Dans la fleur, le pollen mâle a fécondé les organes femelles, pollinisation d'où résulte la formation de graines ; celles-ci sont enfermées dans le fruit, qui provient, lui, de l'expansion de l'ovaire fécondé de la fleur.

Toutes les plantes à fleurs portent donc des fruits, même si fruits ou fleurs sont parfois très petits et difficilement visibles.

Mais les plantes sans fleur ne donnent jamais de fruit et assurent, comme on l'a vu, la reproduction sexuée par d'autres moyens. Le passage de la fleur au fruit exige généralement quelques semaines, et c'est pour cela que l'on voit tantôt des arbres en fleurs, tantôt des arbres en fruits selon leur degré de maturité, tantôt enfin – surtout sous les tropiques – des arbres qui portent à la fois des fleurs et des fruits.

Pourquoi les fleurs et les fruits d'une même plante n'ont-ils pas toujours les mêmes couleurs ? Pourquoi les fleurs changent-elles de couleur en se fanant ?

personnage faisant le poirier.

Rien n'oblige les fleurs et les fruits d'une même plante à être de la même couleur. La différence de coloration des fleurs et des fruits est nette dans tout le règne végétal : il suffit de voir les belles fleurs jaunes de tomate, fournissant après fécondation ces magnifiques baies rouges comestibles venues d'Amérique du Sud en Europe après les voyages de Christophe Colomb. Et que dire des cerisiers tout blancs de fleurs devenir en peu de temps tout rouges de cerises?

Dans la grande majorité des cas, les fruits n'ont donc pas la couleur des fleurs ; la couleur des fleurs est destinée à attirer les insectes porteurs de pollen, donc agents actifs de la fécondation ; la couleur des fruits est destinée à attirer les oiseaux, qui les dissémineront en les mangeant. Les graines de ces fruits seront rejetées avec les excréments, au gré des distances parcourues par les oiseaux, et elles germeront loin du pied mère. Les insectes ignorent souvent le rouge, que les oiseaux au contraire adorent ; c'est pourquoi les fleurs d'un cerisier sont blanches et les cerises rouges : le blanc attire les abeilles et le rouge les oiseaux, étourneaux ou autres. Chacun, fleur et fruit, accomplit donc la tâche que lui assigne la nature avec ses propres moyens.

Mais, dira-t-on, qui donc pollinise les belles fleurs rouges du coquelicot si les insectes ne voient pas le rouge ? Serait-ce un oiseau ? Non point. Si, dans les régions tropicales, beaucoup de grandes fleurs rouges sont pollinisées effectivement par des oiseaux, le plus souvent de minuscules oiseaux de paradis, il n'en est pas de même en région tempérée, où les oiseaux ne jouent aucun rôle dans la pollinisation. Ce sont bien les insectes qui pollinisent le coquelicot, qu'ils voient tout autrement que nous. Le coquelicot émet en effet des rayons ultraviolets visibles aux yeux à facettes des insectes, mais invisibles à nos yeux. L'insecte voit donc le coquelicot à sa façon et nous à la nôtre. Il en est de même de toutes les fleurs rouges, dont beaucoup sont en réalité pourpres, par mélange de bleu et de rouge. Les insectes gomment le rouge et voient les fleurs pourpres bleues : ainsi des fleurs de bruyère.

Lorsque la pollinisation est réalisée, la fleur n'a plus à attirer d'insectes pollinisateurs ; elle va alors se faner comme après une fête, lorsqu'on enlève le décor et qu'on enroule les drapeaux et guirlandes pour les ranger au grenier. Mais, dans certains cas, la fleur change de couleur avec une précision quasi mathématique. Les fleurs du marronnier attirent les insectes par deux taches jaunes qu'elles portent au bas de leur corolle et qui attirent fortement les pollinisateurs ; la pollinisation une fois réussie, ces taches virent au rouge, et comme les insectes ne voient pas le rouge, ce rouge devient un véritable « feu rouge » détournant les insectes d'une fleur qui n'a plus besoin d'eux.

Pourquoi les roses sentent-elles bon et d'autres plantes mauvais ? Pourquoi toutes les fleurs ne sentent pas la même chose ?

Chaque fleur a son parfum, qui est en quelque sorte sa griffe, sa spécialité, et il n'y a pas deux parfums floraux qui se ressemblent. La composition chimique du parfum est une caractéristique de l'espèce, et même de chacune de ses variétes naturelles ou horticoles. Il n'y a pas deux variétés de rose qui aient exactement la même odeur, et les rosiéristes prennent grand soin de sélectionner des roses dont l'odeur se marie agréablement à la couleur. Ils dégustent le parfum des roses comme on le fait d'un grand vin ! Ainsi se multiplient à l'infini les variétés horticoles de plantes ornementales.

Cette diversité est plus grande encore lorsque l'on considère la multiplicité des espèces de fleurs, dont chacune possède son propre parfum. La règle ici est la diversité, cette loi qui se confirme dans toute la nature, laquelle multiplie à l'infini ses prototypes et les fait tous différents les uns des autres ; c'est ce qui fait la richesse des milieux biologiques et les différencie des milieux cultivés, où l'on voit par exemple sur des hectares des milliers et des milliers de plans de maïs ou de tournesol alignés à la même hauteur, tous quasi identiques. L'homme sélectionne en effet les plantes qui lui sont utiles et cherche le plus grand rendement. La nature, au contraire, a le sens de la gratuité et crée des formes à l'infini, formant un immense réservoir dans lequel il appartient à l'homme de puiser ses aliments, ses parfums, ses médicaments.

Est-ce que les plantes connaissent le jour et la nuit ? Y a-t-il des plantes qui vivent dans l'obscurité ?

Personnage avec oreilles en feuilles de choux.

Les plantes font parfaitement la différence entre le jour et la nuit. Durant la période d'éclairement, elles font la photosynthèse, qui exige un apport de lumière solaire rendu utilisable pour la plante par la chlorophylle. On peut donc dire qu'une plante verte ne synthétise sa nourriture que de jour ; tandis que la photosynthèse s'interrompt lorsque le degré d'éclairement diminue, la respiration – phénomène général de la vie qui affecte les plantes comme les animaux – se poursuit durant la nuit. Respirer consiste à absorber l'oxygène de l'air pour brûler les substances élaborées par la photosynthèse, et dégager, comme déchet, du gaz carbonique. Pour résumer, on pourrait dire que la plante « fait sa cuisine et prépare ses aliments » exclusivement dans la journée et qu'elle les « mange » vingt-quatre heures sur vingt-quatre, car la respiration a lieu de jour comme de nuit.

Mais bien d'autres événements de la vie d'une plante sont réglés par l'alternance du jour et de la nuit, et même par la longueur respective des jours et des nuits. Certaines ne peuvent fleurir qu'en période de jours longs et de nuits courtes : c'est le cas de la plupart des plantes de nos jardins, qui fleurissent durant les longues journées d'été ; d'autres, comme certaines variétés de tabac, ne fleurissent qu'en hiver, lorsque les jours sont courts et les nuits longues. Les chrysanthèmes qui fleurissent à la Toussaint, lorsque les jours sont déjà plus courts que les nuits, entrent dans cette même catégorie. Le cycle de floraison est donc strictement rythmé par la longueur respective des jours et des nuits. Ce mécanisme est si précis que, lorsque l'on interrompt une longue nuit d'hiver par un éclairage en serre d'une seule minute, tout se passe pour la plante comme si elle n'était plus en régime de nuit longue, mais de nuit courte. Du coup, la plante « se croit » en été, où les nuits effectivement sont courtes, et elle se met à fleurir comme en plein été. La plante « lit » donc la longueur des nuits. C'est en jouant ainsi sur la longueur des jours et des nuits que l'on peut faire fleurir en serre les plantes en n'importe quelle saison. Les horticulteurs connaissent ces ruses depuis longtemps !

Les plantes ne peuvent vivre dans l'obscurité, car elles ne pourraient pas y effectuer la photosynthèse et seraient donc condamnées à mourir d'inanition. Par contre, les plantes qui se nourrissent à la manière des animaux, en puisant leur nourriture dans le milieu extérieur, peuvent parfaitement vivre dans l'obscurité : c'est le cas par exemple des champignons. Les champignons de Paris sont élevés dans des caves souterraines dans une obscurité totale.

Mais, pour toutes les plantes vertes, l'obscurité totale est insupportable. Certes, les besoins en lumière ne sont pas égaux d'une espèce à l'autre. Le lierre, qui pousse en sous-bois des forêts, a besoin de moins de lumière que le coquelicot, qui pousse toujours en plein soleil. Mais le besoin de lumière peut varier aussi selon les étapes de la vie de la plante. Si le lierre est relativement fruste pendant toute sa période végétative, il devient exigeant au moment de fleurir ; c'est pourquoi les petites fleurs de lierre n'apparaissent qu'à l'extrémité des rameaux qui auront su grimper le plus haut sur les arbres ou sur les murs : on ne verra jamais une fleur de lierre au sol, mais toujours littéralement portée par la tige ou le tronc vers la hauteur à la recherche du soleil.

personnage plantant son regard...

Est-ce que les plantes sentent quelque chose quand on les touche ou quand on les coupe ?

C'est une question très controversée que de savoir si les plantes ont ou n'ont pas une sensibilité. On connaît de nombreuses plantes qui réagissent vivement au toucher. Par exemple, le mimosa pudique replie promptement ses petites feuilles les unes sur les autres dès qu'on les touche ; d'autres plantes rétractent de la même façon leurs étamines, devenues subitement très pudiques, au moindre contact, ou au contraire les déploient ; d'autres encore savent distinguer le pollen provenant d'un congénère du pollen provenant d'une plante étrangère, c'est-à-dire appartenant à une autre espèce. Le pollen du congénère est accepté, mais pas celui de la plante étrangère, qui est rejeté par une ouverture rapide des capteurs de pollen ; ceux-ci semblent ainsi manifester un dégoût pour ce pollen qui n'est pas des leurs… Il existe donc incontestablement une sensibilité des plantes. Mais il faudrait évidemment être plante pour savoir quelles souffrances elles endurent lorsqu'on les coupe.

Les plantes peuvent aussi communiquer entre elles. Ainsi, lorsque intervient une bande de brouteurs particulièrement en appétit, la plante dont les feuilles sont durement broutées émet un signal gazeux qui se répand dans l'environnement, atteint les plantes les plus proches et déclenche chez elles la fabrication de substances très indigestes qui découragent l'animal de les manger. Cela fut démontré à propos d'acacias d'Afrique du Sud broutés par des antilopes koudous ; on vit même des koudous morts de faim auprès d'acacias superbes mais qui avaient tellement élevé leurs doses de tanins dans leurs feuilles que celles-ci étaient devenues totalement indigestes pour les koudous. Dans cet exemple, les plantes développent une véritable défense active contre leurs brouteurs. Mais ce phénomène ne joue que lorsque la prédation est trop forte ; un seul koudou ou deux seront poliment nourris sans que la plante éprouve le besoin de déclencher les grands moyens, puisqu'elle n'est pas en danger. Cette méthode de communiquer ne se met en place que lorsque le danger de la prédation est réel et que les plantes craignent d'y laisser leur vie. Elle peut jouer aussi bien contre les insectes qu'à l'encontre des gros animaux.

Est-ce que les plantes se parlent ? Est-ce qu'elles peuvent s'aimer ou se détester et se faire la guerre ?

Il est évident que les plantes ne se parlent pas dans le sens où nous entendons ce mot-là, faute de quoi nous les entendrions « papoter » entre elles. Cela ne veut pas dire qu'elles ne communiquent pas; on a vu comment elles peuvent émettre des gaz qui portent une information d'une plante à une autre, par exemple : « Attention, brouteur ! » Ces gaz – notamment l'éthylène – peuvent apporter d'autres messages; ainsi, dans une cave où mûrissent des pommes, des poires et des bananes vertes, le mûrissement des bananes et leur passage au jaune sont très accélérés par les gaz émis par les pommes et les poires en cours de maturation ; autre façon de communiquer ici entre fruits.

Les plantes se font entre elles des guerres sévères en utilisant à nouveau des produits chimiques, car la chimie est le grand moyen de communication et d'interaction entre les plantes. Les noyers et les eucalyptus excellent dans ces guerres chimiques. Ils émettent en effet des produits qui gênent la germination des graines des plantes présentes à proximité; ces graines alors ne germeront pas, et l'eucalyptus, comme le noyer, se trouvera sans compétiteur, il aura gagné sa guerre et sera seul, sans concurrence, à se faire sa place au soleil. Les piloselles, sorte de petits pissenlits miniatures, intoxiquent tellement le sol autour d'elles qu'elles finissent par s'empoisonner elles-mêmes… C'est la version végétale du suicide ou de l'autodestruction.

Mais, dans d'autres cas, des réactions de sympathie se manifestent, ne serait-ce parfois que pour venir en aide aux plantes menacées par la toxicité de congénères cruelles. C'est ce qui se passe dans le trio ail-chicorée-pâquerette.

Comme le noyer ou l'eucalyptus, l'ail émet dans le sol des substances « antigermination » qui éliminent la plupart des espèces de son voisinage. Cela évidemment ne se voit pas dans les jardins, où l'ail est planté à bonne distance des autres légumes ; mais, dans la nature, l'ail sauvage est particulièrement toxique pour ses voisins. On a pu observer en région méditerranéenne avec quelle efficacité l'ail éliminait les chicorées sauvages poussant autour de lui ; mais cette élimination ne se produit plus lorsqu'une pâquerette se trouve à proximité : c'est que la pâquerette est capable de sécréter des substances « anti-ail » et d'annuler ainsi sa toxicité. Du coup, les chicorées peuvent prospérer naturellement comme si de rien n'était. La pâquerette, en quelque sorte, a tendu la main à la chicorée pour lui permettre de résister à l'obstacle que représente l'ail pour elle. Mais l'ail n'est pas intégralement pervers pour autant. On connaît même certains champignons qui ne poussent qu'à son immédiate proximité et qui doivent par conséquent le considérer comme de très bonne compagnie pour eux. Les mêmes substances qui tuent les chicorées favorisent au contraire la croissance de ces champignons. Comme quoi, tout n'est jamais ni tout bon ni tout mauvais dans la nature : tout dépend du point de vue où l'on se place… Et ce qui est bon pour les uns n'est pas nécessairement bon pour les autres. Pour la pâquerette, l'ail est neutre ; pour la chicorée, il est nuisible ; pour les champignons, il est courtois.

Belle histoire qui doit nous apprendre à ne pas juger trop rapidement une situation tant qu'on ne connaît pas tous les tenants et aboutissants, car on n'est jamais tout à fait dans la peau de l'autre, et l'autre n'est pas tout à fait dans la nôtre. D'où sans doute ce précepte évangélique : « Ne jugez pas et vous ne serez pas jugé ! »

Quel est le plus gros danger pour les plantes ?

Le plus grave danger pour les plantes est évidemment le dessèchement du climat et des sols qu'elles habitent. Plus les hommes sont nombreux sur la Terre, plus ils défrichent, et plus aussi les sols s'érodent par le vent et la pluie. Aussi peut-on constater dans la plupart des pays peu développés que, plus les hommes sont nombreux, moins la végétation est riche et dense. En déboisant massivement les grandes forêts tropicales notamment, l'homme réduit les terres habitables pour les plantes en les transformant en déserts. De ce point de vue, l'homme est sans aucun doute le plus grand danger pour les plantes. On ne sait si le réchauffement actuel de la planète est un phénomène naturel ou s'il est la conséquence des émissions de gaz à effet de serre..., probablement les deux phénomènes jouent-ils de pair. De ce point de vue aussi, l'homme est un grave danger pour les plantes. Enfin, il est dangereux pour elles, par la tendance qu'il aurait à sélectionner et à améliorer quelques espèces de plantes pour sa nourriture, son habillement, ses médicaments, son confort, et à négliger, voire à éliminer celles qui ne lui rendent pas des services immédiats.

Personnage bête à manger du foin
faisant un brin de causette à
une belle plante.

Est-ce qu'il y a des plantes en voie de disparition actuellement ? Pourquoi ? Est-ce qu'on peut y changer quelque chose ?

On estime que, sur les 300 000 espèces de plantes à fleurs, 25 000 sont directement menacées de disparition. Les risques de disparition augmentent évidemment au fur et à mesure que l'on détruit la végétation. De nombreuses espèces sont en effet localisées sur des superficies très restreintes du globe ; le record est détenu par une lisimaque, minuscule plante des Baléares, aux belles fleurs jaunes, que l'on ne trouve que sur quelques mètres carrés de l'île de Majorque. Il suffirait de planter une maison à cet endroit pour que l'espèce disparaisse à jamais.

Aujourd'hui, les espèces en voie de disparition sont soigneusement répertoriées et récoltées pour être cultivées dans des conservatoires spécialisés ; ces plantes ainsi « mises en pension » seront conservées, multipliées et ensuite replantées dans leur milieu d'origine lorsque les menaces pesant sur ce milieu auront, par exemple, disparu, ou lorsque l'on obtiendra des quantités de plantes assez importantes pour effectuer une replantation, sinon massive, du moins substantielle.

L'exemple d'un sophora de l'île de Pâques est tout à fait significatif. Cet arbre était très abondant jadis sur l'île ; mais celle-ci étant perdue dans l'océan Pacifique à plus de 4 000 kilomètres des plus proches terres habitées, ses habitants ont dû pendant des siècles et des siècles se contenter des ressources de l'île, jusqu'au moment où ils ont fini par les épuiser complètement. Quand l'île fut découverte, le jour de Pâques de l'année 1722, le sophora était déjà rare. En 1960, il n'y en avait plus que deux ou trois, et des botanistes suédois ont eu soin de récolter des graines et de les planter au jardin botanique de Göteborg. Là elles ont poussé et, en 1989, on les a replantées sur leur île d'origine, où les sophoras reprennent pied actuellement. Le cas de ce sophora est un exemple à suivre, car en fait beaucoup de plantes n'ont pas la chance d'être sauvées *in extremis*.

Mais une autre plante a sans doute également été sauvée *in extremis* de sa disparition naturelle par vieillissement de l'espèce : c'est le *ginkgo biloba*. On le trouve à proximité des temples, en Extrême-Orient. C'est un arbre aux feuilles à deux lobes très ornementales, d'autant qu'elles prennent une superbe couleur or vif en automne, et on l'appelle pour cela « l'arbre-aux-quarante-écus ». Certains ginkgos ne portent que des ovules, et d'autres, que des étamines ; il y a donc M. et Mme Ginkgo ! Il est probable que cet arbre aurait disparu spontanément de la nature si l'homme n'avait eu soin de le conserver à proximité de ses temples depuis des millénaires. Car les Japonais le considèrent comme un arbre protecteur : lors du terrible tremblement de terre qui détruisit Tokyo en 1923, l'un des plus beaux temples de la ville fut totalement épargné, car, disent les Japonais, il était entouré de ginkgos. La grande résistance de cet arbre, qui lui a valu de surmonter toutes les catastrophes climatiques de l'histoire de la planète et qui en fait l'arbre le plus ancien du monde, puisqu'il existait déjà identique à lui-même à l'ère primaire, il y a 300 millions d'années, permet aujourd'hui de le planter en milieu urbain, car il résiste admirablement bien à la pollution de l'air ; c'est pourquoi des allées de ginkgos ont été plantées sur les grandes avenues de Manhattan, à New York ; en effet, l'arbre le plus vieux du monde est aussi celui qui résiste le mieux aux agressions, et notamment à celles que l'homme exerce sur l'atmosphère des grandes villes.

personnage bête comme chou
en train d'en lire une feuille.

Si la Terre se réchauffe, est-ce que ça va gêner toutes les plantes ?

Un net réchauffement de la Terre entraînerait une sorte de complète redistribution des cartes de la végétation. On peut imaginer par exemple que le climat méditerranéen, plus sec que celui du reste de l'Europe, se déplacerait vers le nord, les pays du Maghreb héritant d'un climat quasi saharien, encore beaucoup plus sec, ce qui diminuerait considérablement les rendements agricoles. Pour ces pays, dont la population s'accroît très rapidement, ce serait évidemment un désastre effrayant. À l'inverse, le climat méditerranéen remonterait vers le centre de la France, ce qui entraînerait également des déséquilibres importants et modifierait les cultures. De même, les grandes forêts de pins et de sapins du nord de l'Europe seraient refoulées plus au nord encore, car elles sont adaptées aux climats les plus froids. Bref, dans tout l'hémisphère Nord, il se produirait un décalage vers le nord des actuelles zones de végétation avec un bilan forcément défavorable, puisque les influences sahariennes se feraient sentir nettement plus au nord, et diminueraient les rendements de tout le bassin méditerranéen. Mais, pour l'instant, ce ne sont encore que des hypothèses tout à fait invérifiables.

Le changement de climat serait lent à se faire sentir, et il faudrait sans doute un ou plusieurs siècles pour que ces modifications produisent toutes leurs conséquences. On peut imaginer que les hommes seront assez sages et prudents pour prendre les devants; il faut pour cela limiter à tout prix l'émission dans l'atmosphère des gaz à effet de serre, comme le gaz carbonique ou le méthane, qui sont semble-t-il responsables, au moins partiellement, du réchauffement de la Terre. Comme le gaz carbonique est émis par l'industrie, les chauffages domestiques et les voitures, de strictes mesures devront tôt ou tard être prises pour en limiter la production et le dégagement dans l'atmosphère.

pomme d'Adam.

pomme d'arrosoir.

Après une catastrophe nucléaire, est-ce qu'il reste des plantes ?

Autour d'une centrale accidentée, le monde végétal semble indemne et immobile. Mais, au bout de quelques années, on observera des mutants, c'est-à-dire des plantes qui auront subi lors de leur irradiation une mutation entraînant une modification importante de tel ou tel de leurs organes ou fonctions. Par exemple, certaines auront des graines stériles, des fleurs décolorées, des feuilles monstrueuses, etc. Très souvent, ces plantes mutées perdent l'aptitude à se reproduire et disparaissent du paysage végétal après leur mort. Mais certaines mutations peuvent être conservées et se perpétuer à travers la descendance.

Est-ce qu'on peut inventer de nouvelles plantes ?

Seule la nature a cette possibilité, qu'elle met en jeu par les longs et lents processus de l'évolution biologique. Mais si l'homme ne peut créer des espèces nouvelles, il peut en revanche, par le jeu des mutations, des hybridations, de la sélection, créer de nouvelles races de plantes inconnues dans la nature, et qui présentent des caractères qui lui sont directement profitables. Toute l'horticulture, toute l'agronomie pratiquent cet art d'améliorer les plantes, soit en augmentant les rendements, soit en augmentant la qualité des fruits ou produits alimentaires, soit en augmentant la résistance aux parasites, soit en améliorant les qualités ornementales, etc. Ces plantes ainsi nouvellement inventées ne sont pas des espèces au sens botanique du terme, mais des races ou des variétés horticoles.

L'homme essaie de faire pousser ce qu'il veut là où il veut, comme il le veut, parce qu'il y a de plus en plus de monde à nourrir. Est-ce qu'il y a encore beaucoup d'endroits sauvages qu'on pourrait cultiver ?

Oui, mais cela ne se fait pas sans risques. L'irrigation des déserts ou des steppes pose d'innombrables problèmes, notamment la remontée du sel à partir du sous-sol qui, en quelques années, stérilise souvent les grands espaces mis en culture. La destruction des forêts tropicales sauvages pour en faire des cultures amène souvent des résultats déce-

Planton prenant racine.

vants : le sol en effet est rapidement emporté par les pluies très fortes lorsqu'il n'est plus maintenu par la végétation, et il se produit un appauvrissement des terres avec l'apparition de la roche nue en surface, comme on le voit bien dans nos régions méditerranéennes, autour de Marseille par exemple. À force de mettre en culture des espaces sauvages, on aboutit à leur stérilisation totale ; c'est l'un des plus grands dangers que l'on rencontre dans les processus de « mise en valeur ». Des millions d'hectares ont été stérilisés dans l'ex-URSS et aux États-Unis par de mauvaises pratiques agricoles, le vent finissant par emporter le sol en poussière au point que le soleil n'était plus visible dans le ciel à midi par grand vent.

Aujourd'hui, fort de ces expériences, on est beaucoup plus prudent et on se méfie des grands projets de mise en valeur, qui trop souvent ne tiennent pas assez compte des conditions écologiques réelles ; car la nature ne se laisse pas faire aussi facilement qu'on le pense… Un bon aménagement est celui où l'homme et la nature font équipe pour le bien de l'une et de l'autre. De tels aménagements harmonieux, tenant compte des lois de l'agronomie mais aussi de l'écologie, permettront peut-être dans l'avenir de nourrir de plus en plus d'hommes sans pour autant détruire le milieu. Car lorsque le milieu est détruit, l'homme doit s'enfuir pour ne point périr sur place. On le voit au Sahel, où la famine tue des milliers de personnes, après que les sols ont été gravement désertifiés par un arrachage systématique des arbres et par excès de broutage – ce qu'on appelle « surpâturage ». Après les grands aménagements chirurgicaux, qui laissent trop souvent des cicatrices indélébiles sur le terrain, on apprendra à agir avec plus de discrétion et de délicatesse, par une sorte d'homéopathie de terrain, où l'homme travaillera avec la nature, et non pas contre elle.

C'est cela l'écologie, le monde de demain.

Jean-Marie Pelt

Professeur de biologie végétale et de pharmacognosie à l'université de Metz, il est président de l'Institut européen d'écologie. Depuis plus de vingt ans, il raconte à tous, petits et grands, à la télévision, à la radio et dans ses nombreux livres souvent réédités, la passionnante histoire des plantes. *L'Homme renaturé* (Seuil) a obtenu le prix européen d'écologie. Parmi ses derniers livres : *Le Tour du monde d'un écologiste* (Fayard, 1990) et *Au fond de mon jardin* (Fayard, 1992).

Danielle Fournier

Journaliste à *Science et Vie junior*.

Serge Bloch

Concepteur visuel au journal *Astrapi*. Il a illustré de nombreux livres, dont : *Même les princesses vont à l'école*, *Maxime fait des miracles* (à l'École des loisirs), *Le président de la République a faim*, *Le président de la République prend son bain* (chez Hachette) et *Pourquoi les guerres ?* (au Seuil, coll. «Petit Point»). Il fait des dessins d'humour dans différents journaux.

OUVRAGE PUBLIÉ PAR XAVIÈRE GAUTHIER
DANS LA COLLECTION «PETIT POINT»
DIRIGÉE PAR NICOLE VIMARD

Maquette : Sara Vimard
Imprimeur : Aubin Imprimeur
Dépôt légal : septembre 1993 - N° 18923 (P 42819)
ISBN 2-02-018923-2
Loi 49-956 du 16 juillet 1949
sur les publications destinées à la jeunesse.